BEI GRIN MACHT SICH IHR WISSEN BEZAHLT

AF136430

- Wir veröffentlichen Ihre Hausarbeit,
  Bachelor- und Masterarbeit

- Ihr eigenes eBook und Buch -
  weltweit in allen wichtigen Shops

- Verdienen Sie an jedem Verkauf

Jetzt bei www.GRIN.com hochladen und kostenlos publizieren

Social Media Marketing. Instagram-Zielgruppen, Erfolgsmessung und Chancen und Risiken

GRIN

Bibliografische Information der Deutschen Nationalbibliothek:

Die Deutsche Nationalbibliothek verzeichnet diese Publikation in der
Deutschen Nationalbibliografie; detaillierte bibliografische Daten sind
im Internet über http://dnb.d-nb.de abrufbar.

ISBN: 9783346737229
Dieses Buch ist auch als E-Book erhältlich.

© GRIN Publishing GmbH
Nymphenburger Straße 86
80636 München

Alle Rechte vorbehalten

Druck und Bindung: Books on Demand GmbH, Norderstedt Germany
Gedruckt auf säurefreiem Papier aus verantwortungsvollen Quellen

Das vorliegende Werk wurde sorgfältig erarbeitet. Dennoch
übernehmen Autoren und Verlag für die Richtigkeit von Angaben,
Hinweisen, Links und Ratschlägen sowie eventuelle Druckfehler keine
Haftung.

Das Buch bei GRIN: https://www.grin.com/document/1280929

Fallstudie

Themenkatalog 2021

Alternative C

SRH-Fernhochschule

Modul:
Social Media

Studiengang:
Online Marketing B.A.

Inhaltsverzeichnis

i

Abkürzungsverzeichnis

Abbildungsverzeichnis

1 Instagram als Social Media Marketing Kanal

Instagram ist eine visuell ausgerichtete Social Media Plattform, die sich hervorragend dazu eignet, um mit Bildern und Videos eine Geschichte zu erzählen. Das soziale Netzwerk ist demnach für Unternehmen, Selbständige und Privatpersonen attraktiv.[1] Instagram entwickelte sich schon in den letzten Jahren von der Fotoplattform zur Shoppingdestination. Jedes Unternehmen und jede Privatperson hat demnach einige Möglichkeiten, um Instagram erfolgreich als Marketingkanal einzusetzen.[2] Anne Grabs schreibt in ihrem Buch: „Egal ob Startup, Freelancer, Agentur, Onlineshop oder B2B – Instagram lohnt sich für jedes Unternehmen, dass es schafft, eine Community aufzubauen.".[3] Instagram kann demnach grundsätzlich von jedem Unternehmen eingesetzt werden, wenn die Nische stimmt. Besonders hohes Engagement auf Instagram haben die Branchen, Mode, E-Commerce, Beauty, Auto, Verkauf, Elektronik, Sportwaren, und Dienstleistungen. Unternehmen, die ein Angebot in diesen Branchen anbieten ist es demnach besonders zu empfehlen Instagram als Social Media Marketing Kanal einzusetzen. Die Statistik von Rival IQ zeigt allerdings auf, dass auch andere Branchen von Instagram profitieren. Beispielsweise die Weiterbildungsbranche. Darüber hinaus erzielt Instagram im Durchschnitt eine Engagement Rate von 0,98%, welche alle Branchen abdeckt. Mit dieser Engagement Rate liegt Instagram auch weit über dem Facebook-Durchschnitt von 0,08%.[4] Weltweit wird Instagram derzeit von 79% der Unternehmen eingesetzt und befindet sich somit auf Platz zwei der eingesetzten Social Media Plattformen. Die Umfrage aus dem Jahr 2022 ergab darüber hinaus, dass 61% der befragten Marketingverantwortlichen großes Potenzial in Instagram sehen und dieses sogar ausbauen wollen.[5] Mit Instagram lässt sich die Sichtbarkeit, die Reichweite und die Community aufbauen, das Engagement steigern, Mitarbeiterinnen und Mitarbeiter gewinnen und Sales und Leads generieren.[6] Für Unternehmen gehören vor allem die große Beliebtheit und steigenden Wachstumszahlen des sozialen Netzwerks, die vielfältigen Profile und Themenbereiche, die besonders hohe Aufmerksamkeit, die

---

[1] Vgl. Lutzer (2021), S.155
[2] Vgl. Grabs (2022), S.19
[3] Grabs (2022), S.19
[4] Vgl. Grabs (2022), S.32-33
[5] Vgl. Statista GmbH (2022a)
[6] Vgl. Grabs (2022), S.37

engagierten InfluencerInnen oder auch die Möglichkeit eines direkten Dialogs mit den Followern zur Attraktivität des Social Media Kanals.[7]

Die Eignung von Instagram als Social Media Marketing Kanal erhöht sich außerdem dadurch, dass andere Online-Werbe-Tools, wie SEA durch Ad-Blocker stark eingeschränkt werden.[8] Auf Instagram gibt es derzeit noch keine Möglichkeiten Werbeanzeigen zu umgehen.

Instagram kann als Social Media Marketing Kanal besonders im Falle

- vom Aufbau einer Marke (Digital Branding), Bekanntheit, Reichweite und Product Awareness
- vom Aufbau eines Images
- von der Durchführung einer Zielgruppenanalyse, Produktentwicklung oder Marktforschung
- von direkter und indirekter Verkaufsförderung
- von einer Neukundengewinnung oder Kundenbindung
- von der Suche nach neuen MitarbeiterInnen (Employer Branding) eingesetzt werden.[9]

Überdies wird Instagram außerdem nicht langweilig, sondern erneuert sich immer wieder selbst mit Innovationen, wodurch es die Plattform schafft, weiterhin wettbewerbsfähig zu bleiben. Mit Affiliates, Fanclub Stories oder Reels wird die App immer mehr zur Shopping-Destination, die dadurch sowohl für Marken, Creators und InfluencerInnen interessant bleibt.

---

[7] Vgl. Bernecker (2021), S.302
[8] Vgl. Singh (2020), S.379
[9] Vgl. Bernecker (2021), S.33-51

1.1 Zielgruppen auf Instagram

Bereits im Jahr 2020 nutzen über 1 Mrd. Menschen Instagram. Die Hälfte davon nutzte Instagram Stories sogar täglich.[10] Die Generationen Z und Y gelten als die Instagram-Generationen und werden durch das Angebot auf Instagram besonders angesprochen.[11] Der Großteil der Instagram-NutzerInnen ist zwischen 18 und 34 Jahre alt. In dieser Altersgruppe überwiegt sogar das männliche Geschlecht. Abbildung 1 legt dar, dass 325,2 Mio. und somit die präsenteste Zielgruppe auf Instagram zwischen 25 und 34 Jahren alt ist. Aus der Grafik lässt sich aber auch entnehmen, dass auf Instagram bereits UserInnen ab 13 Jahren und UserInnen bis zu über 65 Jahren erreicht werden können. Zusammenfassend lässt sich sagen, dass sich auf Instagram besonders gut 18-24 Jährige und 25-24 Jährige erreichen lassen. Ab 35 Jahren flacht die Instagram-Nutzung ab. Allerdings lassen sich auch noch in der Altersgruppe der 35 bis 44 Jährigen insgesamt 153,1 Mio. NutzerInnen erreichen.[12]

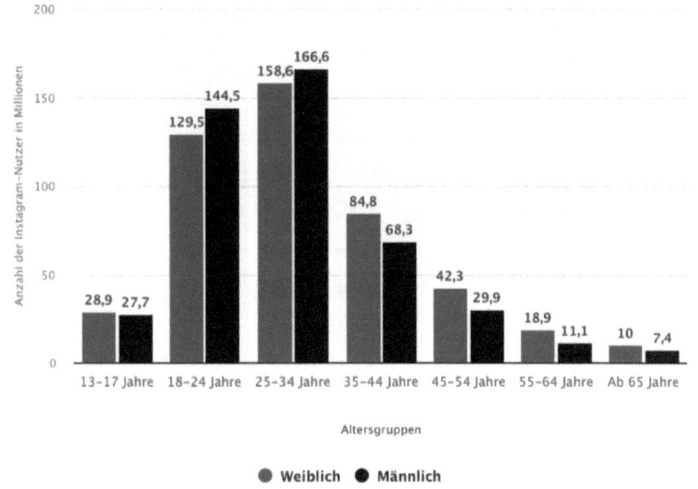

Abbildung 1: Alter und Geschlecht der Instagram-NutzerInnen
(Quelle: https://de.statista.com/statistik/daten/studie/809703/umfrage/instagram-nutzer-nach-alter-und-geschlecht-weltweit/ 06.06.2022)

---

[10] Vgl. Grabs (2022), S.20
[11] Vgl. Grabs (2022), S.19-20
[12] Vgl. Statista GmbH (2020b)

Die Demographie der Instagram-NutzerInnen ist von Land zu Land unterschiedlich. Die Demographie und die Social-Media-Nutzung der InstagrammerInnen in Österreich ist zusammenfassend in Abbildung 2 dargestellt.

Abbildung 2: Demographie und Social-Media-Nutzung der Instagram-User in Österreich (Quelle: https://de.statista.com/themen/2841/social-media-in-oesterreich/#topicHeader__wrapper 06.06.2022)

Der Anteil der Instagram-NutzerInnen an der Bevölkerung steigt jährlich. Vom Jahr 2018 bis zum Jahr 2022 gab es bereits ein Wachstum von 3,1 Prozent. Für das Jahr 2022 wurde bereits diagnostiziert, dass 12,7 Prozent der Weltbevölkerung Instagram-NutzerInnen sein werden.[13] Wird davon ausgegangen, dass die Weltbevölkerung derzeit bei rund 7,95 Milliarden Menschen liegt, sind 12,7 Prozent eine hohe Prozentzahl an Nutzern und Nutzerinnen.[14]

76,5% der türkischen Bevölkerung nutzen Instagram, somit kommt der Großteil der Instagram-UserInnen aus der Türkei. Im Jahr 2021 lebten die meisten Instagram-NutzerInnen noch in Brasilien. In der Europäischen Union ist Schweden das Land mit den meisten InstagrammerInnen. Hinter der Türkei auf Platz eins und Schweden auf Platz zwei reihen sich Argentinien mit 68,2%, Brasilien mit 67,4% und Israel auf Platz fünf mit 63,4%. Die USA hat im Jahr 2022 einen Instagram-Nutzer-Anteil von 56,7%. Ferner nutzen in Deutschland 40,6% und in Österreich 39,8% der Bevölkerung Instagram.[15] Soziale Medien, wie Instagram

---

[13] Vgl. Statista GmbH (2021)
[14] Vgl. Statista GmbH (2019)
[15] Vgl. Statista GmbH (2022b)

werden in Österreich von 68% der Befragten täglich benutzt. 20% der Befragten nutzen sie mehrmals pro Woche und nur 3% einmal pro Monat.[16] Mehr als die Hälfte der Deutschen nutzen Instagram am Abend oder zum Zeitvertreib zwischendurch. Die Zielgruppen sind demnach am stärksten zwischen 18 und 20 Uhr aktiv. Abbildung 3 hält fest, dass die Deutschen soziale Medien während des Fernsehens, im Bett, während Arbeits-/ Uni-/ Schulpausen, im Badezimmer, während der Morgenroutine oder auf dem Arbeits-/ Schulweg am meisten konsumieren.[17]

Das Verhalten der Zielgruppen auf Instagram spiegelt eine Statista-Umfrage sehr gut wider. Die Top drei Aktivitäten sind laut der Umfrage das Schreiben von privaten Nachrichten, das Liken von Beiträgen anderer Nutzelnnen und das Kommentieren von Beiträgen. Abbildung 4 listet weitere Aktivitäten auf.[18] Generell lässt sich sagen, dass die Nutzer und Nutzerinnen bei Instagram um ein Vielfaches aktiver sind und mehr liken als bei Facebook, weshalb Instagram den Giganten Facebook immer mehr den Rücken zukehrt.[19] Des Weiteren besuchen InstagrammerInnen täglich mindestens ein Unternehmensprofil. Auch können in Deutschland derzeit 25,8 Mio. NutzerInnen über Instagram-Anzeigen erreicht werden, wobei die Hälfte dieser NutzerInnen Frauen sind.[20]

---

[16] Vgl. Statista GmbH (2022c)
[17] Vgl. Statista GmbH (2020a)
[18] Vgl. Statista GmbH (2022b)
[19] Vgl. Grabs (2022), S.19-20
[20] Vgl. Grabs (2022), S.21

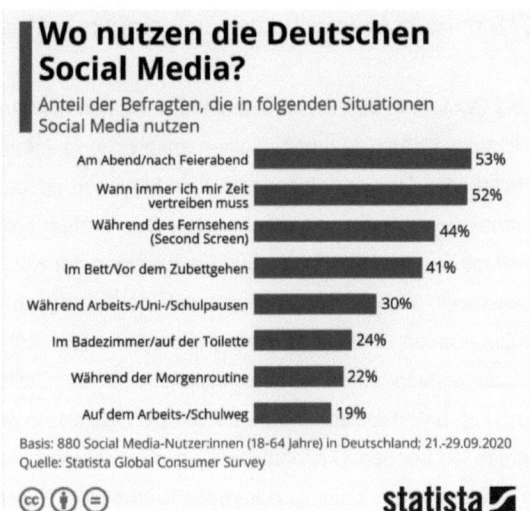

Abbildung 3: Anteil der Befragten, die in folgenden Situationen Social Media nutzen (Quelle: https://de.statista.com/infografik/25145/anteil-der-befragten-die-in-folgenden-situationen-social-media-nutzen/ 06.06.2022)

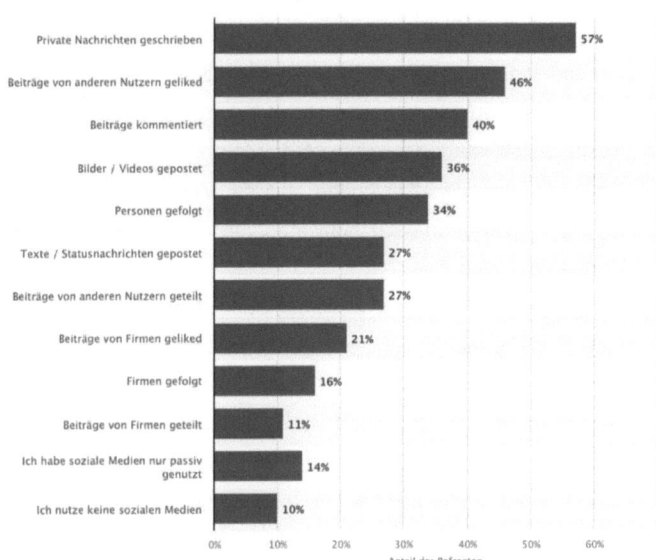

Abbildung 4: Österreichs beliebteste Aktivitäten in sozialen Netzwerken, wie Instagram (Quelle: https://de.statista.com/prognosen/1000333/oesterreich-beliebteste-aktivititaeten-in-sozialen-netzwerken 06.06.2022)

1.2 Sinnvolle Ansprache der Zielgruppen auf Instagram

Mittels Content in den verschiedensten Formaten können die Zielgruppen angesprochen werden. Die Inhalte sollten ansprechend, informativ und unterhaltsam gestaltet sein. Darüber hinaus muss ein Mehrwert geboten werden, der deutlich erkennbar und überzeugend sein sollte. Der Content sollte außerdem möglichst individuell auf die Bedürfnisse und Erwartungen der Kunden und Kundinnen angepasst sein, sodass sich möglichst viele davon angesprochen fühlen.[21]

Die Zielgruppen können auf Instagram mit Content und verschiedenen Werbeformaten angesprochen werden. Die Inhalte sollten nützlich, lehrreich, informativ, spannend, unterhaltsam und humorvoll sein, damit sie geliked, geteilt und/ oder kommentiert werden. Die Inhalte sollten immer etwas persönlicher, authentischer und ansprechender sein als klassische Werbetexte.[22] „Auf dominant verkaufsorientierte Inhalte ist zu verzichten, außer bei direkten Werbeaktivitäten."[23]

Ein transparenter Content-Kalender sorgt für den nötigen Überblick. Es wird darin geregelt, welche Themenfelder wann von wem zu bespielen sind und wann veraltete Inhalte wieder zu löschen sind.

Zielgruppen erreichen, indem allgemeine und exklusive Informationen, Texte, Fotos und Videos zu Produkten oder Dienstleistungen, Meinungsäußerungen zu aktuellen Produkten oder Dienstleistungen oder Einladungen zur Teilnahme an Events geteilt werden. Auch die Aufforderung zur Entwicklung von Ideen für neue Produkte oder Dienstleistungen oder die Motivation zur Abgabe von Bewertungen kann UserInnen dazu motivieren über Social Sites mit dem Unternehmen in Kontakt zu treten.[24]

Darüber hinaus lässt sich auch der Social-Media-Marketing-Kanal Instagram in verschiedene Medienkategorien unterscheiden. Es lässt sich zwischen Owned Media, Paid Media und Earned Media unterscheiden. Zur Owned Media gehört der Instagram-Account an sich mit dem selbst erstellten Content. Bei Paid Media hingegen sind alle Instagram-Ad-Formate inbegriffen, wie Foto-Ads oder Story-Ads. Earned Media umfasst die Inhalte, die sich das Unternehmen durch ihre

---

[21] Vgl. Bernecker (2021), S.12-122
[22] Vgl. Kreutzer (2021), S.172
[23] Kreutzer (2021), S.172
[24] Vgl. Kreutzer (2021), S.172-173

Aktivitäten von Online-NutzerInnen verdient haben. Zu Earned Media gehört demnach der User-generated Content.[25]

Für die Ansprache der Zielgruppen eignet sich ein Mix aus den acht Kanälen der App. Die acht Kanäle von Instagram setzten sich aus Lives, Guides, Stickern, IGTV, Feed-Posts, Stories, Reels und dem Shop zusammen. Die Kanäle verstehen sich auch als Beitragsformate und haben jeweils einen eigenen Nutzen.[26] Abbildung 5 gibt einen guten Überblick der verschiedenen Formate und deren Nutzen.

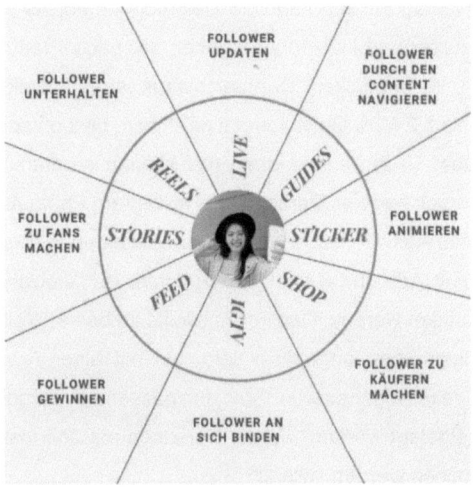

Abbildung 5: Die 8 Instagram-Kanäle
(Quelle: eigene Darstellung in Anlehnung an Grabs (2022), S.76)

Die verschiedenen Formate sollten gezielt eingesetzt werden, dazu empfiehlt sich eine Content-Planung, welche die Posting-Frequenz mit unterschiedlichen Beitragsformaten kombiniert. Grundlegend wird empfohlen pro Woche nur drei Feed Posts (Einzelbilder/ Carousels/ Infografiken) zu teilen. Hinzu kommen allerdings vier bis sieben Reels sowie ein bis drei IGTVs pro Woche, welche ebenfalls im Feed geteilt werden sollten. Überdies sollten ca. 10 Stories pro Woche eingesetzt werden, wobei die ideale Länge einer Story fünf bis sechs Stories pro Tag

---

[25] Vgl. Kreutzer (2021), S.179-180
[26] Vgl. Grabs (2022), S.76-77

beträgt. Instagram Guides können einmal im Monat geteilt werden während Livestreams beliebig oft eingesetzt werden können.[27]

Bei der Auswahl von Content-Formaten ist anzumerken, dass der anhaltende Trend „The rise of Video" verfolgt werden sollte, indem der Fokus auf Videoformate gelegt wird. Mit dem Einsatz von Stories, Reels, IGTV und Live kann der Feed kreativer gestaltet werden und die Zielgruppe sinnvoll angesprochen werden.[28]

Der produzierte Content kann auch in bezahlte Anzeigen umgewandelt werden. Durch Instagram-Ads kann die Zielgruppe ebenfalls angesprochen werden. 27% aller Nutzer und Nutzerinnen geben an, neue Produkte und Marken über Paid Socials zu entdecken. Darüber hinaus ist es möglich mit Instagram-Anzeigen mehr als 1,2 Mrd. Menschen zu erreichen, dies entspricht 20% der Weltbevölkerung über 13 Jahre. Instagram-Ads können in unterschiedlichen Werbeformaten ausgespielt werden. Derzeit bietet Instagram Photo Ads, Stories Ads, Video Ads, Carousel Ads, Collection Ads, Werbeanzeigen in Explore, IGTV Ads, Instagram Shopping Ads und Reels Ads an. Unter der Vielzahl dieser Formate kann frei entschieden werden. Das Format sollte im besten Fall wieder an die Bedürfnisse der Zielgruppen angepasst sein, um mit einer Anzeige eine möglichst hohe Reichweite zu generieren.[29] Mit den passenden Targeting-Optionen kann zusätzlich festgelegt werden, welche Personen mit den Instagram-Ads besonders angesprochen werden sollen.[30]

Zu beachten ist bei der Schaltung von Werbeanzeigen, dass übermäßig viele Ads ebenfalls nicht zielführend sind. Einem User/ einer Userin werden im Monat durchschnittlich 1.700 Banner-Ads ausgespielt.[31] Laut einer Statista Befragung fühlen sich einige UserInnen bereits genervt von der Fülle an Anzeigen. Andere wiederum nutzen Ad-Blocker, um sich vor einer Ads-Bombardierung zu schützen.[32]

---

[27] Vgl. Grabs (2022), S.77
[28] Vgl. Grabs (2022), S.79
[29] Vgl. Hootsuite (2022a)
[30] Vgl. Business Instagram (2022)
[31] Vgl. Grabs (2022), S.440
[32] Vgl. Statista (2022c)

Als Beispiel für bezahlte Werbeanzeigen sind in Abbildung 6 eine bezahlte Werbe-Story (links) und ein bezahlter Shopping-Beitrag (rechts) abgebildet.

Abbildung 6: Bezahlte Instagram-Ads
(Quelle: eigene Darstellung, Screenshots von Instagram 23.06.2022)

Story-Ads ermöglichen ein nahtloses Shopping-Erlebnis, da Produkte in den Stories markiert werden können und damit die Auffindbarkeit gesteigert wird. Auch am Beispiel von @aimnsportswear kann direkt auf den Button „Jetzt kaufen" geklickt werden, um direkt zum Onlineshop weitergeleitet zu werden. Der Übergang vom Sehen der Werbe-Story bis zum Kauf ist demnach sehr flüssig und schnell. Mit Story-Ads werden außerdem mehr Menschen erreicht als mit einer normalen Instagram-Story.[33] Bei Shopping-Ads können Artikel direkt in Bildern oder Videos hervorgehoben werden. Mit einem einfachen Klick können NutzerInnen mehr über das beworbene Produkt erfahren. Überdies können Anzeigen mit Produktmarkierungen die Reichweite der Shopping-Beiträge vergrößern.[34] Mit beiden Werbeanzeigen können die entsprechenden Zielgruppen angesprochen werden.

---

[33] Vgl. Business Instagram (2022a)
[34] Vgl. Business Instagram (2022b)

2 Erfolgsmessung von Social Media Marketing

„Die in den sozialen Medien durchgeführten Maßnahmen müssen stets beobachtet und ausgewertet werden, um künftige auch laufende Aktivitäten entsprechend den Ergebnissen optimieren zu können."[35] Die Messung des Erfolgs bezieht sich grundsätzlich auf die zuvor gesetzten Ziele. Allerdings lässt sich der Erfolg von Social Media Marketing auch durch Key Performance Indicators, auch KPIs genannt, oder Social Media Monitoring Tools messen. Überdies bieten bereits einige Social Media Kanäle, wie Facebook oder Instagram Statistiken an.[36]

Allein mit den Instagram-Insights kann der Erfolg von Social Media Marketing Maßnahmen in gewisser Weise beurteilt/ gemessen werden.

 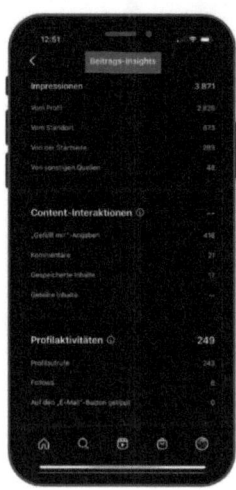 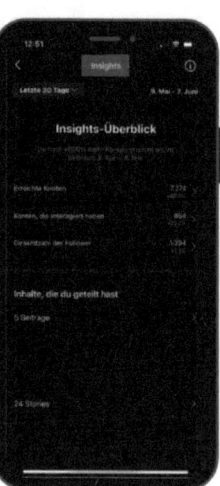

Abbildung 7: Instagram-Insights
(Quelle: eigene Darstellung, Screenshot der persönlichen Instagram-Insights 19.06.2022)

In Abbildung 6 sind die Insights meines persönlichen Instagram-Profils abgebildet, um einen Einblick gewährleisten zu können. Die Instagram Insights lassen sich nach den letzten 7, 14 oder 30 Tagen einsehen. Zu demonstrativen Zwecken wurden in den Abbildungen die letzten 30 Tage ausgewählt. Die ersten zwei Screenshots zeigen die Insights eines Foto-Beitrags. Es kann einerseits die

---

[35] Bernecker (2021b), S.325
[36] Vgl. Bernecker (2021b), S.325

Anzahl der Likes, Kommentare, Shares und Saves eingesehen werden. Anderererseits lässt sich einsehen, wie viele Konten mit dem Bild erreicht wurden und wie viele Content-Interaktionen und Profilaktivitäten es gab. Die Reichweite wird anschließend in einem Kreisdiagramm nochmal in Follower und Nicht-Follower aufgeschlüsselt. Neben der Reichweite lassen sich zusätzlich Impressionen, Content-Interaktionen und Profilaktivitäten einsehen. Die Impressionen zeigen auf, wo bzw. wie die UserInnen auf den Instagram-Post gestoßen sind. Die Content-Interaktionen geben nochmal dasselbe wieder, wie die Leiste mit der Anzahl der Likes, Comments, Shares und Saves. Als besonders erfolgsbestimmend können die Profilaktivitäten gewertet werden. Hier werden die Profilaufrufe, neue Follows und das Tippen auf den E-Mail-Button gezählt.

Die Profil-Insights geben nochmal mehr Informationen preis. Beispielsweise werden die erreichten Zielgruppen etwas näher analysiert, indem die Top-Städte, Top-Länder, Top-Altersbereiche und das Geschlecht dargelegt wird. Neben den Zielgruppen werden auch die Konten, die Interagiert haben in gleicher Art und Weise analysiert. Darüber hinaus kann eingesehen werden welches Content-Format die beste Reichweite erzielt und wie es mit den Content-Interaktionen aussieht. Die Interaktionen sind in Beiträge, Stories, Reels und Lives gegliedert und zeigen die Top-Posts des jeweiligen Formats in den letzten 30 Tagen auf. Neben den Interaktionen bieten die Profil-Insights, Informationen über die Follower. Beispielsweise wie viele Follower das Profil gesamt hat, die Anzahl der neuen Follower und die der verlorenen Follower, oder auch die beliebtesten Standorte der Follower und das Alter oder Geschlecht dieser. Überdies können die aktivsten Zeiten der Follower eingesehen werden.[37]

Anhand des Unternehmens „RAYS OF MARCH" werden mögliche Ziele und die Erfolgsmessung dieser Ziele mit Hilfe von KPIs und geeigneter Tools erläutert. RAYS OF MARCH ist ein junges Unternehmen, dass stylische und zeitlose Homedecor-Stücke verkauft. Das Unternehmen wurde im März 2021 in Wien, Österreich gegründet und legt den Fokus auf Elemente für das Eigenheim, welche nicht einfach nach ein paar Monaten wieder aus der Mode gehen. Bei RAYS OF MARCH treffen ästhetische Designerstücke auf leistbare Preise und geschlechtslose Konditionen. Im Sortiment befinden sich derzeit handgefertigte Stein-Tassen

---

[37] Vgl. Instagram (2022)

und ein kleiner Holz-Hocker. Das Unternehmen hat vor, ihr Angebot in der nächsten Zeit zu erweitern und weitere Design-Stücke anzubieten. RAYS OF MARCH ist auf Instagram vertreten und führt eine eigene Website, auf welcher die Produkte erworben werden können.[38]

Ein Ziel der jungen Marke ist die Erhöhung der Reichweite mit den Einsatz von Social Media. Zielgruppenspezifische Inhalte auf Instagram sollen für die Erreichung des Ziels eingesetzt werden. Ein weiteres Ziel ist die Generierung von Bekanntheit durch Interaktionen auf Instagram, seien es neue Follower, Kommentare, Likes oder Reposts. Darüber hinaus ist die Generierung von Transaktionen für das Unternehmen ein übergeordnetes Ziel, da sie ihre Produkte an Mann, Frau und Divers bringen wollen.

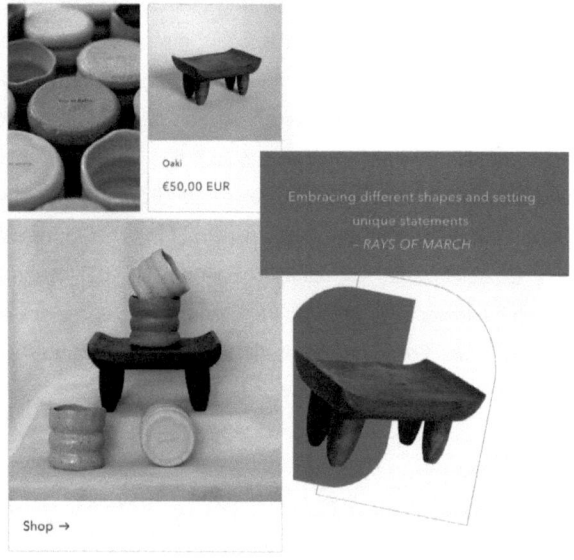

Abbildung 8: RAYS OF MARCH – Images
(Quelle: Abbildungen des Onlineshops https://www.raysofmarch.com)

---

[38] Vgl. RAYS OF MARCH (2022)

2.1 Social Media Monitoring und Tools

Der Erfolg der Social Media Aktivitäten lässt sich am besten über die Interaktion von Seiten der Nutzenden messen.[39] Social Media Tools unterstützen eine zielorientierte und strategische Nutzung der sozialen Medien. Sie vereinen unterschiedliche Funktionen, wie die Erstellung und Planung von Postings oder die Analyse und das Monitoring der Aktivitäten und Kampagnen. Die Tools stellen Zahlen zur Erfolgsmessung und Bewertung zur Verfügung. Welche in weiterem Sinne zur Verbesserung der Inhalte eingesetzt werden können. Mit Social Media Tools können beispielsweise auch Trends identifiziert oder die Zielgruppe besser verstanden werden. Im Social Media Monitoring werden gleich mehrere Tools kombiniert. Das Monitoring bietet Funktionen zum Social Listening, Tracking und Sammeln relevanter Inhalte über mehrere Social Media Plattformen hinweg. Semrush, Hootsuite oder Fanpage Karma sind unter anderem die beliebtesten und bekanntesten Tools.[40] Da das Unternehmen den Fokus auf Instagram legt, können bereits die Insights des Instagram-Profils und der vereinzelnden Postings ein geeignetes Tool sein, um den Erfolg zu messen. Für RAYS OF MARCH können auch Erwähnungen in der Story von UserInnen oder Markierungen in Postings mit den Produkten einen gewissen Erfolg messen. Darüber hinaus ist es sinnvoll mit Social Media Monitoring die Entwicklung der Unternehmenskommunikation und der Kommunikation in der Zielgruppe im Auge zu behalten. Wird demnach in einer Diskussion oder einem Kommentar der Name des Unternehmens oder des Produkts erwähnt, so erfährt der Anbieter dies zeitnah. Durch Social Media Monitoring werden ebenfalls potenzielle Krisenherde erkannt. Diese frühzeitig zu erkennen und dementsprechend gezielt einzugreifen, bewahrt Unternehmen vor beispielsweise Shitstorms oder Imageschäden.[41] Ein umfangreiches Tool für Monitoring-Maßnahmen ist „Fanpage Karma". Die Plattform bietet umfangreiche Analysen, beispielsweise wie die Fans mit dem eigenen Social Media Auftritt interagieren, und es besteht die Möglichkeit sich mit dem Wettbewerb zu vergleichen. Darüber hinaus lässt sich durch meist kostenpflichtiges Monitoring die Stimmungslage ermitteln. Unter anderem werden auch Meinungsmacher erkannt, welche über einen großen Einflusskreis verfügen. Diese müssen

---

[39] Vgl. Bernecker (2021b), S.326
[40] Vgl. OMR (2021)
[41] Vgl. Bernecker (2021b), S.326

dann gezielt mit den richtigen Social Media Maßnahmen angesprochen werden und dies möglichst überzeugend. Des Weiteren können durch Social Media Monitoring „Massenthemen" identifiziert werden, welche sich gut in das eigene Marketing einspannen lassen und in weiterer Folge einen schnellen Zugang zu breiteren Zielgruppen eröffnen und eine höhere Sichtbarkeit erzeugen.[42] Neben „Fanpage Karma gäbe es für RAYS OF MARCH auch noch die Möglichkeit von Hootsuite oder SocialHub. Beide Tools versprechen mehr Erfolg in den sozialen Medien.

Zu den Aufgaben des Social Media Monitoring gehört außerdem die Messung des Erfolgs der bisherigen Aktivitäten. Diese lassen sich mithilfe von Kennzahlen, auch KPIs genannt, analysieren.[43]

---

[42] Vgl. Bernecker (2021b), S.327-329
[43] Vgl. Bernecker (2021b), S.330

2.2 Key Performance Indicators (KPIs)

Mit Hilfe von KPIs kann die Effizienz und die Effektivität von Marketingmaßnahmen kontrolliert werden. Key Performance Indicators sind Kennzahlen, welche in regelmäßigen Abständen erhoben werden und so den Erfolg von Social Media Marketing Maßnahmen abbilden. Die Indikatoren können auch dafür eingesetzt werden, um Ziele vorzugeben und Maßnahmen zur Zielerreichung zu planen und zu steuern.[44] Es können also relevante Entwicklungen kontinuierlich im Blick behalten werden. Kreutzer gibt zudem die Empfehlung ab, auch die entsprechenden Ergebnisse über die wichtigsten Wettbewerber im Blick zu haben.[45] Es bieten sich drei KPIs, die Reichweite, die Interaktion und die Transaktion. Alle drei Kennzahlen bieten dem Unternehmen Informationen, welche beispielsweise als Grundlage für weitere Entscheidungen bezüglich der Social Media Präsenz genutzt werden können.

2.2.1 Reichweite

Mit der Reichweite wird ermittelt, wie viele Personen aus der angesprochenen Zielgruppe erreicht wurden. Dies ist beispielsweise durch die Webseitenbesucher oder Views ersichtlich.[46] Die Reichweite gibt Auskunft darüber, wie viele Menschen durch die verbreitete Nachricht erreicht wurden. Die Häufigkeit, mit der die Unternehmen von den UserInnen auf Social Media Plattformen erwähnt werden, ist ebenfalls ein Indikator für die Reichweite. Die Shares auf den sozialen Median müssen überdies kritisch erhoben werden, da es sich immer um eine förderliche oder schädliche Nennung handeln könnte. Kreutzer definiert die Reichweite außerdem mit der Anzahl der Mentions, der Anzahl der eigenen Mentions im Vergleich zu den Wettbewerbszahlen, die Anzahl der Mentions im Zeitverlauf, die Followeranzahl und die Anzahl der direkt erreichten und indirekt erreichten Personen.[47]

Das Ziel des Unternehmens ist es mehr Reichweite zu generieren, indem ansprechender Instagram-Content veröffentlicht wird und die Gründerin, welche

---

[44] Vgl. DIM (2019)
[45] Vgl. Kreutzer (2021), S.200
[46] Vgl. DIM (2019)
[47] Vgl. Kreutzer (2021), S.200-201

16

selbst über 233.000 Instagram-Follower verfügt (Stand: 22. Juni 2022 @ebruer-kut), regelmäßig Social-Media-Werbung für ihr eigenes Unternehmen macht. RAYS OF MARCH kann die Reichweite der Instagram-Postings über die Insta-gram-Insights einsehen. Welche Einsichten diese gewähren, wurde bereits in Abschnitt 2 näher behandelt. Natürlich kann das Unternehmen auch Tools, wie Hootsuite für eine noch detailliertere Einsicht einsetzten. Dies ist besonders dann günstig, wenn das Unternehmen plant, zukünftig auf mehreren Social Media Kanälen aktiv zu werden. Neben Hootsuite bietet auch SocialHub eine Komplettlö-sung für Social Media Management, welche unter anderem einen Analytics-Bereich beinhaltet. Dieser Bereich hält alle wichtigen Informationen zu Reichweiten, Interaktionsquoten oder Kommentaraufkommen bereit. Das Tool bietet demnach Einsicht in die Reichweite und Interaktion.[48]

2.2.2 Interaktion

Unter einer Interaktion versteht sich ein qualifizierter und damit hochwertiger Kontakt. Setzt sich ein User/ eine Userin intensiver mit dem Kommunikationsmittel auseinander so spricht man von einer Interaktion. Interaktionen sind Beispielsweise ein Kommentar, Like oder Repost auf Instagram.[49] Kreutzer definiert Engagement an der Anzahl der Posts, Likes, Kommentare oder Shares, der Beiträge in Communities und der Teilnahme an beispielsweise Gewinnspielen oder Kreativprozessen.[50]

Für das junge Unternehmen ist es natürlich ein Ziel, so viele positive Interaktionen wie möglich zu generieren. Es soll die Bekanntheit der Marke gesteigert werden, in Form von Reposts in einem Feed-Beitrag oder Shares in der Insta Story, Likes oder Kommentaren soll das Ziel erreicht werden.

Um die Interaktionen des Instagram-Profils zu messen, bieten sich wieder die Instagram-Analytics an. Auch SocialHub oder Hootsuite könnten hier wieder zum Einsatz kommen, da beide Tools für die Messung von Interaktionen geeignet sind. Von den Tools gemessen werden kann beispielsweise die Engagement Rate oder die Click Through Rate. Die Engagement Rate misst alle Shares, Likes, Kommentare, Linkklicks, Bildklicks oder Videoaufrufe. Darüber hinaus gibt

---

[48] Vgl. OMR Reviews (2022)
[49] Vgl. DIM (2019)
[50] Vgl. Kreutzer (2021), S.201

die Click Through Rate (CTR), Informationen bezüglich des Engagements preis.[51] „Die CTR bezeichnet das Verhältnis von Klicks auf eine Anzeige zur Gesamtzahl der Anzeigenimpressionen."[52] Außerdem wird das Engagement an der Anzahl der Shares, Kommentare, Reaktionen, Likes oder Views gemessen.[53]

2.2.3 Transaktion

„Transaktionsbezogene Kennzahlen helfen dabei, die finale Wirkung der Kommunikationsmaßnahmen zu identifizieren und zu messen."[54] Die Anzahl der abgeschlossenen Aufträge oder der erzielte Umsatz durch bestimmte Social Media Marketing Maßnahmen zählen zu Transaktionen.[55] Bei der Messung der Transaktionen sollten ebenfalls die Conversions erfasst werden. Eine Conversion ist die Umwandlung eines Nutzers/ einer Nutzerin in einen Interessenten/ eine Interessentin oder im besten Fall in einen Käufer/ eine Käuferin. Conversions sind demnach entscheidend, um zu erfassen, ob das Engagement in den sozialen Medien dazu beiträgt, umsatz- und gewinnorientierte Marketingziele zu erreichen. Kreutzer misst die Conversions mit den Besuchen im Online-Shop, Downloads, Newsletter-Abonnements oder dem Corporate-Website-Traffic. Der Corporate-Website-Traffic bezieht sich beispielsweise auf die Website-Besuche, die Sitzungsdauer, die Absprungsrate oder die Seitenaufrufe.[56]

Für das B2C-Unternehmen sind die Anmeldung für den Newsletter und der Verkauf der Designer-Stücke klassische Transaktionsziele. RAYS OF MARCH hat das Ziel, potenzielle KundInnen von den Social Media Kanälen auf die Webseite zu führen und sie letztendlich zum Erwerb eines Produkts zu leiten.

Es empfiehlt sich bei jeder Transkation herauszufinden, wie der User/ die Userin auf das Unternehmen oder dessen Produkte aufmerksam geworden ist, bzw. den Lead zu verfolgen. Für ein solches Tracking bietet sich hier das Instagram Creator-Studio. Dieses ermöglicht das Tracken der Performance und liefert detaillierte Insights.[57] Zusätzlich können Tools, wie Hootsuite Transaktionen messen. Die

---

[51] Vgl. Cuber, Küster, Manu, Manthey (2022), S.117
[52] Cuber et al. (2022), S.117
[53] Vgl. Cuber et al. (2022), S.118
[54] DIM (2019)
[55] Vgl. DIM (2019)
[56] Vgl. Kreutzer (2021), S.201
[57] Vgl. Meta (2022)

Lead-Konversationsrate, welche den Prozentsatz der Leads misst, die tatsächlich einen Kauf tätigen, kann mit Hilfe von Google-Analytics ermittelt werden.[58]

---

[58] Vgl. Dichtl (2022)

3 Chancen von Social Media Marketing

Bereits im Jahr 2021 wurde das Internet von 76 Millionen Menschen ab 14 Jahren genutzt. Überdies steigt die tägliche Nutzungsdauer des Internets. Die Nutzung von sozialen Medien steigt ebenfalls an und befand sich im Jahr 2021 bei mindestens einer wöchentlichen Nutzung der sozialen Medien. Diese Zahlen und Fakten wurden von der ARD/ ZDF-Onlinestudie 2021 erhoben und sprechen bereits für viele mögliche Chancen des Social Media Marketings.[59] Abbildung 7 stellt ein paar Chancen von Social Media Marketing grafisch dar.

Abbildung 9: Chancen des Social Media Marketings
(Quelle: eigene Abbildung)

Die Chancen des Social Media Marketings sind durch diese Grafik natürlich nicht abgehandelt, außerdem gibt es Chancen, wie die Gewinnung neuer MitarbeiterInnen, welche in der Grafik nicht abgebildet sind, deshalb aber nicht weniger als Chance des Social Media Marketings eingestuft werden.

Mit sozialen Medien können viele Menschen weltweit erreicht werden, dies können sich Unternehmen zu Nutze machen. Anzufangen ist mit der Chance einer besseren Mitarbeiterrekrutierung, welche mit der Nutzung von XING oder

---

[59] Vgl. Beisch & Koch (2021)

Facebook möglich wird. Auch jüngere Arbeitssuchende werden dadurch erreicht.[60] Eine weitere Chance ist die Bildung oder die Verbesserung des Images, indem ein direkter Draht und Dialog mit der Zielgruppe eröffnet wird.[61] Das Social Media Marketing ermöglicht es Unternehmen auch neue KundInnen zu gewinnen, bestehende KundInnen stärker ans Unternehmen zu binden und die KundInnen besser zu integrieren. Besonders die jüngeren Zielgruppen können durch den Einsatz von SMM erreicht werden, hier können Unternehmen einige neue Kundinnen für sich gewinnen. Diese KundInnen kann das Unternehmen sogleich für Crowd Sourcing, für die Entwicklung neuer Produkte oder die Optimierung von Prozessen nutzen. Die Kundschaft generiert in allen Fällen innovative Ideen für das Unternehmen, welche auch eingebaut werden können. Durch das Feedback der Kundschaft können Verbesserungen vorgenommen werden, von welchen die KundInnen und das Unternehmen profitieren. Es ist demnach eine Winwin-Situatuion.[62] Mit der Generierung neuer KundInnen geht die Erhöhung des Bekanntheitsgrades in gewisser Weise einher. Social Media eignet sich hervorragend dafür eine Bekanntheit aufzubauen und Aufmerksamkeit zu erzeugen. Dies ermöglicht beispielsweise der virale Effekt. Dieser kann aufgrund des nicht-transparenten Instagram-Logarithmus nicht geplant oder mit 100%-gier Erfolgswahrscheinlichkeit eingesetzt werden, aber trotzdem lohnt es sich einen solchen Effekt zu mindestens anzustreben.[63] Darüber hinaus werden die Inhalte in den sozialen Medien mit einem minimierten Streuverlust ausgespielt. Es werden demnach genau die richtigen UserInnen angesprochen. Auf Instagram- oder Facebook-Business lassen sich beispielsweise die Zielgruppen bei der Generierung von Werbeanzeigen sehr spezifisch beschreiben, dies führt zu einem minimierten Streuverlust. Des Weiteren können Unternehmen über Social Media selbst eine Marktforschung durchführen. Diese ist sogar sehr kostengünstig.[64] Überdies sind auf den sozialen Medien Kooperationen möglich, besonders die Influencer-Kooperationen können von Unternehmen gewinnbringend eingesetzt werden. Wichtig hierbei ist es den Influencer oder die Influencerin sorgfältig auszuwählen. Passt die influencende Person exakt zum Unternehmen, so kann durch die Reichweite der InfluencerInnen profitiert werden. Eine erhöhte Reichweite,

---

[60] Vgl. Gabriel & Röhrs (2017), S.233
[61] Vgl. Lammenett (2021), S.461
[62] Vgl. Gabriel & Röhrs (2017), S.234-236
[63] Vgl. Lammenett (2021), S.461
[64] Vgl. Gabriel & Röhrs (2017), S.233-235

Aufmerksamkeit, Bekanntheit oder auch ein viraler Effekt zählen zu den Bonuspunkten, welche durch Influencer-Kooperationen erzielt werden können.[65] Die Chance, welche für die meisten Unternehmen ausschlaggeben ist, wäre die Steigerung des Umsatzes durch den Einsatz Social Media Marketing. Sei es durch mehr Traffic und Leads, die das Unternehmen erreicht oder durch die Förderung des E-Commerce, es lässt sich der Umsatz und Gewinn steigern und somit auch der Unternehmenswert.[66] Die Kundenpflege in den sozialen Netzwerken kann ebenfalls absatzsteigernd für Unternehmen sein.[67] Zusammenfassend lässt sich sagen, dass sich für Unternehmen einige Chancen im Social Media Marketing ergeben, die sich gewinnbringend einsetzen lassen.

---

[65] Vgl. Walsh & Deseniss & Kilian (2020), S.193
[66] Vgl. Gabriel & Röhrs (2017), S.236
[67] Vgl. Lammenett (2021), S.461

4 Risiken von Social Media Marketing

Neben Chancen gibt es vorhandene Risiken und mögliche Nachteile, welche beachtet werden sollten. All die aktiven UserInnen können sich im Extremfall auch gegen das Unternehmen wenden und drastische Spuren hinterlassen. Abbildung 8 zeigt einige der Risiken auf, welche mit dem Marketing in den sozialen Medien einhergehen.

Abbildung 10: Risiken des Social Media Marketings
(Quelle: eigene Darstellung)

Die Risiken sind mit dieser Grafik natürlich auch nicht abgehandelt.

Um Social Media Marketing erfolgreich einsetzten zu können, ist eine gewisse Social-Media-Kompetenz und eine entsprechende Social-Media-Strategie von Nöten. Sind diese zwei Punkte nicht erfüllt, so könnte dies für Unternehmen Einbüßen mit sich bringen. Fehlen IT-Wissen, fachliche Kompetenz, Akzeptanz, Wartung, Pflege, Qualifikationen und Informationen sind ebenfalls ungünstige Voraussetzungen für Social Media Marketing.[68]

Fehlt die Akzeptanz von MitarbeiterInnen und dem Umfeld gegenüber der Social-Media-Anwendungen, so kann dies zu einem Imageverlust oder auch zu

---

[68] Vgl. Gabriel & Röhrs (2017), S.237-238

einem Schaden des Unternehmens ausarten. Des Weiteren werden veraltete und nicht top-aktuelle Social-Media-Auftritte für die UserInnen uninteressant und fügen dem Unternehmen somit einen direkten Schaden zu. Überdies können fehlende Social Media Guidelines dazu führen, dass nicht qualifizierte Mitarbeiter ohne Know-How eine Zuständigkeit erlangen, welche zu einer falschen Umsetzung und hohen Qualitäts- und Geschäftsverlusten führen. Trainings für MitarbeiterInnen und somit neue Motivation können hier die Risiken aber etwas mildern. Außerdem gehen mit Social Media Marketing auch rechtliche Risiken einher. Große Risikopotenziale liegen in den Verletzungen von Rechten des Datenschutzes, Marken- und Urheberrechts. Eine kompetente und gut qualifizierte Person sollte für Rechtliches in diesem Sinne auf jeden Fall vorhanden sein. Ein weiteres Risiko tritt mit fehlendem Social Media Monitoring auf. Werden Äußerungen, Meinungen und Bewertungen zum eigenen Unternehmen nicht kontinuierlich im Auge behalten und angemessen reagiert, so kann dies zu großen Schäden führen. Viel negative Kritik kann auf Dauer beispielsweise zu Imageschäden führen. Durch Kommentare und Veröffentlichungen von Usern kann außerdem ein Shitstorm ausgelöst werden.[69] Ein Shitstorm bringt eine Welle an öffentlicher Kritik über Social Media an Unternehmen. Ein unprofessioneller oder missverständlicher Auftritt in der Öffentlichkeit könnte das Markenbild gänzlich zerstören und Unternehmen in die Insolvenz treiben. Das Risiko eines Shitstorms ist allerdings auch bei Unternehmen gegeben, welche nicht in den sozialen Median aktiv sind, denn schon durch ein Fehlverhalten in einer TV-Werbung kann ein Shitstorm ausgelöst werden. Ein solcher Sturm an Kritik führt in weiterem Sinne zu einem Kontrollverlust und dazu, dass treue Kunden und Kundinnen zur Konkurrenz wechseln und eventuell auch Kooperationspartner verloren gehen.[70] Ein weiteres Risiko sind Trends, welche zum richtigen Zeitpunkt aufgegriffen werden müssen, um erfolgreich eingesetzt zu werden. Außerdem eignen sich nicht alle Trends für die Zielgruppen des eigenen Unternehmens. Trends verändern sich innerhalb kürzester Zeit und sollten daher kontinuierlich im Auge behalten werden.[71] Im Übrigen müssen sich Unternehmen gegen die große Konkurrenz behaupten. Viele Unternehmen möchten ihre Bekanntheit mit dem Einsatz von Social Media Marketing steigern, sich unter all den Anbietern als „Bester" zu

---

[69] Vgl. Gabriel & Röhrs (2017), S.237-243
[70] Vgl. DIM (2021)
[71] Vgl. DIM (2022)

platzieren ist demnach nicht ganz einfach.[72] Die Risiken, welche das Social Media Marketing mit sich bringt, sind definitiv nicht zu missachten allerdings können einige der Risiken bereits im Vorhinein mit gezielten Maßnahmen vermieden werden.

---

[72] Vgl. Kreutzer (2021), S.183

5 Einstieg ins Social-Media-Marketing für B2C-Unternehmen

Der Einsatz verschiedenster Social Media Kanäle sollte immer mit einer Strategie verbunden sein. Wichtig in diesem Zusammenhang ist das Definieren der Ziele. Ein solches Ziel könnte beispielsweise die Generierung einer Reichweite sein. Weitere Ziele, die sich für den Einstieg ins SMM eignen, wurden bereits in Abschnitt 4, den Chancen des Social Media Marketings, näher erläutert. Des Weiteren sollten die Ziele möglichst konkret und messbar definiert werden, um den Erfolg im Endeffekt auch beurteilen zu können.

Die nächste Empfehlung bezieht sich auf die Zielgruppen, welche im Vorhinein definiert und analysiert werden sollten, um die richtigen Marketing-Tools gewinnbringend einsetzen zu können. Besonders interessant sind die demografischen Aspekte, die Gewohnheiten und die bevorzugten Kanäle der Zielgruppe. Darüber hinaus ist es immer gut zu wissen, was die Zielgruppe bis dato über das Unternehmen denkt. Dementsprechend muss der Content angepasst werden, um einen möglichst glaubhaften und authentischen Auftritt zu erlangen.

Stehen die Ziele und die Zielgruppe fest, so sollte sich das Unternehmen Rahmenbedingungen oder auch Richtlinien zurechtlegen.[73] Richtlinien sollten intern erarbeitet und kommuniziert werden. Sie beschreiben wie in welchen Fällen zu reagieren ist. Die Richtlinien sollten beispielsweise einen Eskalationsplan bei kritischen Rückmeldungen enthalten. Außerdem sollten im Vorhinein Vorkehrungen getroffen werden, um einen möglichen Shitstorm erst gar nicht aufkommen zu lassen. MitarbeiterInnen, die in den sozialen Medien aktiv sind und sich als Mitarbeiter oder Mitarbeiterin des jeweiligen Unternehmens ausgeben, könnten Verhaltensmaßregeln vorgeschlagen werden. Das Krisenmanagement eines Unternehmens ist bei Pannen entscheidend für den Erfolg- oder Misserfolg. Es ist dem Unternehmen ebenfalls anzuraten von Krisensituationen anderer zu lernen und damit indirekt zu profitieren.[74] Das Social Media Marketing der Wettbewerber sollte beim Einstieg in die Materie durchaus beachtet werden. So können Risiken vorgebeugt werden, Inspiration geholt und Eindrücke darüber gewonnen werden, welche Maßnahmen gut ankommen und welche weniger.[75]

---

[73] Vgl. Lammenett (2021), S.460-463
[74] Vgl. Lammenett (2021), S.464
[75] Vgl. Bernecker (2021a), S.58

Eine weitere Empfehlung ist es, Content und Marketing-Maßnahmen zu planen, um die Social Media Kanäle dementsprechend aufzubauen.[76]

Für den Einstieg in das Social Media Marketing eignet sich auch das Vorgehen nach dem Dreistufigen Modell von Bernecker. Das Modell setzt sich aus drei aufeinander aufbauenden Schritten zusammen.

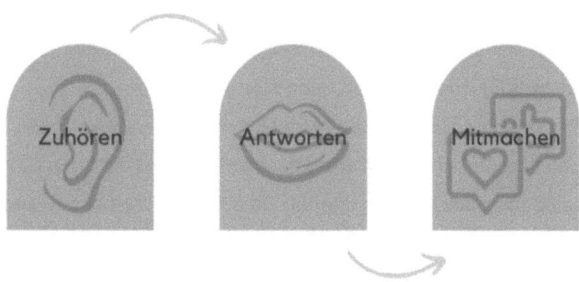

Abbildung 11: Dreistufiges Vorgehen im SMM
(Quelle: eigene Darstellung in Anlehnung an Bernecker (2021), S.58

Der erste Schritt, das Zuhören, umfasst Recherchieren, die Verfolgung von Gesprächen, Beobachten und Social Media Monitoring Tools. All diese Punkte sind besonders zu beachten, wenn keine Erfahrungen in Social Media Aktivitäten vorhanden sind. Die Funktionsweisen der verschiedensten Plattformen sollen hier recherchiert und verstanden werden. Darüber hinaus soll im ersten Schritt herausgefunden werden, welche Meinungen oder Diskussionen es bereits um das eigene Unternehmen gibt. Hierfür kann das Unternehmen beispielsweise Blogbeiträge, Twitter-Nachrichten, Facebook-Posts und -Kommentare analysieren. Zu beachte sind auch relevante Meinungsführer, welche späte einen wesentlichen Baustein in einer Strategie darstellen könnten.

Im nächsten Schritt, dem Antworten, wird empfohlen bereits vorhandene Beiträge zu kommentieren. Die kann in Form von Blogkommentaren, Antworten auf Fragen oder Eingehen auf Kritik erfolgen. Beim Kommentieren kommt es hier besonders darauf an, sich als Unternehmen erkennen zu geben und hilfreiche und ehrliche Inhalte unter den Beiträgen zu veröffentlichen. Der zweite Schritt soll

---

[76] Vgl. Lammenett (2021), S.463

dafür sorgen erste positive Eindrücke bei den Zielgruppen zu hinterlassen und die eigene Reputation im Netz zu stärken.

Der letzte und dritte Schritt, das Mitmachen, umfasst die Erstellung und das Bespielen eigener Kanäle, das Aufbauen einer eigenen Community, das Beginnen neuer Unterhaltungen oder Anstoßen von Diskussionen oder auch die Veröffentlichung von Gewinnspielen und sonstigen Aktionen. Der Content sollte an die Zielgruppen und die aktuelle Situation angepasst sein. [77]

Eine weitere Empfehlung bezieht sich auf die Inhalte, welche für die sozialen Medien erstellt werden. Berücksichtigt sollten hier die Mitarbeiterkapazität, das Budget für Paid-Media-Kampagnen, die Anschaffungen von Smartphones, Kameras oder sonstigem Equipment, die Softwareausstattung für ein Social Media Management Tool, die Unterstützung durch eine Agentur und das Training für die MitarbeiterInnen werden. [78] Zu empfehlen ist es außerdem mit einem Redaktionsplan zu arbeiten. Ein guter Radaktionsplan beinhaltet eine Planungs-, Veröffentlichungs-, und Messungs-Ebene. Abbildung 10 sind Empfehlungen für die Gestaltung der Ebenen festgehalten.

Redaktionsplan:

Planungsebene

Veröffentlichungsdatum
Content (Bild, Video, Reels)
Text, Captions, Hashtags, Emojis
Kanalauswahl (Instagram, Facebook, LinkedIn)

Veröffentlichungsebene

Content am geplanten Tag mit geplanten Content-Elementen im richtigen Kanal veröffentlichen
Software-Lösungen für das Publishing (Ressourcen sparen)

Messungsebene

Kennzahlen
Key Performance Indicators
Insights der Social Media Kanäle

Abbildung 12: Redaktionsplan
(Quelle: eigene Darstellung, in Anlehnung an Bitkom (2022), S.30)

Alles in allem lässt sich sagen, dass es für ein unerfahrenes Unternehmen, welches den Einstieg in das Social Media Marketing wagen will, zu empfehlen ist ein detailliertes Konzept und eine konkrete Content-Planung zu erstellen, um die

---

[77] Vgl. Bernecker (2021a), S.58-69
[78] Vgl. Hansen et al. (2022), S.29

Social Media Kanäle regelmäßig mit interessanten Inhalten bespielen zu können. Als Neuling in der Social Media-Welt ist es außerdem wichtig von Mitbewerbern und Social Media Größen zu lernen und Inspirationen zu sammeln. Zu beachten sind auch die Reaktionen der Follower und dass man als Unternehmen in jedem Fall authentisch bleibt.[79] Wird der Einstieg in die Social Media Welt strategisch und gut strukturiert angegangen, so überwiegen die Chancen gegenüber den möglichen Risiken. Insbesondere in der jetzigen digitalen Gesellschaft ist der Einsatz von Social Media Marketing und damit die Erreichung von Millionen von Menschen sicher eine oder auch eine zweite Überlegung wert.

---

[79] Vgl. DIM (2020)

Literaturverzeichnis

Beisch, V. N. & Koch, W. (2021). Key Facts der ARD/ZDF-Onlinestudie 2021. Zugriff am 14. Juni 2022. Verfügbar unter https://www.ard-zdf-onlinestudie.de/ardzdf-onlinestudie/infografik/

Bernecker, M. (2021a). Social Media (1. Auflage). Studienbrief der SRH Fernhochschule Riedlingen

Bernecker, M. (2021b). Online Marketing Grundlagen (1. Auflage). Studienbrief der SRH Fernhochschule Riedlingen

Business Instagram. (2022a). Instagram Stories. Zugriff am 25. Juni 2022. Verfügbar unter https://business.instagram.com/instagram-stories

Business Instagram. (2022b). Instagram Shopping. Zugriff am 25. Juni 2022. Verfügbar unter https://business.instagram.com/shopping

Deutsches Institut für Marketing. (2019, Juni 2019). KPI – Der richtige Gradmesser für mehr Marketingerfolg. Zugriff am 8. Juni 2022. Verfügbar unter https://www.marketinginstitut.biz/blog/kpi/

Deutsches Institut für Marketing. (2020, November 2020). Social Media Marketing für Einsteiger. Zugriff am 19. Juni 2022. Verfügbar unter https://www.marketinginstitut.biz/blog/social-media-marketing-einsteiger/#fazit_social_media_marketing_fuer_einsteiger

Deutsches Institut für Marketing. (2021, März 2021). Shitstorm – Wie das Netz sich aufregt und was man dagegen tun kann. Zugriff am 16. Juni 2022. Verfügbar unter https://www.marketinginstitut.biz/blog/shitstorm/

Deutsches Institut für Marketing. (2022, Jänner 2022). Marketing Trends 2022: Das sind die Trend-Themen im neuen Jahr. Zugriff am 16.Juni 2022. Verfügbar unter https://www.marketinginstitut.biz/blog/marketing-trends-2022/#fazit_viele_trends_warten

Dichtl, M. (2022). Social Media ist messbar: Die 26 wichtigsten Social Media-KPIs für Ihr Marketing. Zugriff am 23. Juni 2022. Verfügbar unter https://blog.hootsuite.com/de/die-wichtigsten-social-media-kpis/

Erxleben, C. (2017, Juni 27). Instagram KPIs: Die wichtigsten Kennzahlen in Übersicht. Basic thinking. Zugriff am 8. Juni 2022. Verfügbar unter https://www.basicthinking.de/blog/2017/06/27/instagram-kpis/

Gabriel, R., Röhrs, H. P. (2017). Social Media: Potenziale, Trends, Chancen und Risiken. (1. Auflage). Wiesbaden: Springer Gabler

Grabs, A. (2022). Insta it! Erfolgreiches Marketing mit Instagram. (1. Auflage). Bonn: Rheinwerk Verlag

Hansen, P. & Koshold, N. & Küster B. & Kwiring, I. & Retz, C. & Schweipert, Y. & Welling, D. & Cuber, J. & Küster, B. & Manu, J. & Manthey, L. (2022). Bitkom: Social Media Leitfaden. Berlin: Bitkom e.V. Zugriff am 21. Juni 2022. Verfügbar unter https://www.bitkom.org/Bitkom/Publikationen/Leitfaden-Social-Media-2022

Hootsuite. (2022a, April 2022). Werben auf Instagram: eine Anleitung in 5 Schritten zum Einsatz von Instagram Ads. Zugriff am 7. Juni 2022. Verfügbar unter https://blog.hootsuite.com/de/instagram-ads-anleitung/

Kreutzer, R.T. (2021). Online Marketing (3. Auflage). Wiesbaden: Springer Gabler

Lammenett, E. (2021). Praxiswissen Online-Marketing: Affiliate-, Influencer-, Content-, Social-Media-, Amazon-, Voice-, B2B-, Sprachassistenten- und E-Mail-Marketing, Google Ads, SEO. (8. Auflage). Wiesbaden: Springer Gabler

Lutzer, B. (2021). Digitale Marketingstrategien (1. Auflage). Studienbrief der SRH Fernhochschule Riedlingen

Meta. (2022). Creator Studio. Zugriff am 23. Juni 2022. Verfügbar unter https://www.facebook.com/creators/tools/creator-studio

OMR Reviews. (2022). Social Media Engagement Software & Tools im Vergleich. Zugriff am 23. Juni 2022. Verfügbar unter https://omr.com/de/reviews/category/social-media-engagement

OMR. (2021, Juni 2021). Die 7 besten Social Media Tools im Vergleich. Zugriff am 8. Juni 2022. Verfügbar unter https://omr.com/de/daily/social-media-tools-im-vergleich/

RAYS OF MARCH. (2022). About RAYS OF MARCH. Zugriff am 21. Juni 2022. Verfügbar unter https://www.raysofmarch.com

Singh, M. (2020). Instagram Marketing – The Ultimative Strategy, in: International Journal of Advance and Innovative Research, Volume 7, Issue 1 (VIII)

Statista. (2019a, August 2019). Weltbevölkerung von 1950 bis 2022 (in Milliarden). Zugriff am 4. Juni 2022. Verfügbar unter https://de.statista.com/statistik/daten/studie/1716/umfrage/entwicklung-der-weltbevoelkerung/

Statista. (2020a, September 2020). Anteil der Befragten, die in folgenden Situationen Social Media nutzen. Zugriff am 6. Juni 2022. Verfügbar unter https://de.statista.com/infografik/25145/anteil-der-befragten-die-in-folgenden-situationen-social-media-nutzen/

Statista. (2020b, Jänner 2020). Anzahl der Instagram-Nutzer nach Altersgruppen und Geschlecht weltweit im Januar 2020 (in Millionen). Zugriff am 6. Juni 2022. Verfügbar unter https://de.statista.com/statistik/daten/studie/809703/umfrage/instagram-nutzer-nach-alter-und-geschlecht-weltweit/

Statista. (2021a, Oktober 2021). Prognose zum Anteil der monatlich aktiven Nutzer von Instagram weltweit für die Jahre 2018 bis 2022. Zugriff am 4. Juni 2022. Verfügbar unter https://de.statista.com/statistik/daten/studie/958542/umfrage/anteil-der-nutzer-von-instagram-weltweit/

Statista. (2022a, Mai 2022). Anteil der Unternehmen, die folgende Social-Media-Plattformen nutzen weltweit im Januar 2022. Zugriff am 6. Juni 2022. Verfügbar unter https://de.statista.com/statistik/daten/studie/71251/umfrage/einsatz-von-social-media-durch-unternehmen/

Statista. (2022b, Februar 2022). Welche dieser Dinge haben Sie in den letzten 4 Wochen in sozialen Medien gemacht?. Zugriff am 6. Juni 2022. Verfügbar unter https://de.statista.com/prognosen/1000333/oesterreich-beliebteste-aktivitaeten-in-sozialen-netzwerken

Statista. (2022b, Jänner 2022). Anteil der Nutzer* von Instagram an der Bevölkerung ab 13 Jahren nach Ländern weltweit im Januar 2022. Zugriff am 6. Juni 2022. Verfügbar unter https://de.statista.com/statistik/daten/studie/809674/umfrage/anteil-der-nutzer-von-instagram-nach-laendern-weltweit/

Statista. (2022c, April 2022). Einstellungen zu Onlinewerbung in Deutschland im Jahr 2022. Zugriff am 25. Juni 2022. Verfügbar unter https://de.statista.com/prognosen/999835/deutschland-einstellungen-zu-onlinewerbung

Statista. (2022c, Februar 2022). Wie oft nutzen Sie soziale Medien wie Facebook oder Instagram? Instant-Messenger wie WhatsApp sind nicht enthalten. Zugriff am 6. Juni 2022. Verfügbar unter https://de.statista.com/prognosen/1000227/oesterreich-nutzungshaeufigkeit-sozialer-medien

Walsh, G. & Deseniss, A. & Kilian, T. (2020). Marketing: Eine Einführung auf der Grundlage von Case Studies. (3. Auflage). Wiesbaden: Springer Gabler

BEI GRIN MACHT SICH IHR WISSEN BEZAHLT

- Wir veröffentlichen Ihre Hausarbeit,
  Bachelor- und Masterarbeit

- Ihr eigenes eBook und Buch -
  weltweit in allen wichtigen Shops

- Verdienen Sie an jedem Verkauf

Jetzt bei www.GRIN.com hochladen
und kostenlos publizieren